Bezeichnung der umseitigen Abbildung:

OM-Yantra

Bezeichnung der umseitigen Abbildung:

Yantra der fünf Sinne

Bezeichnung der umseitigen Abbildung:

Wasser-Yantra

Bezeichnung der umseitigen Abbildung:

Erd-Yantra

Bezeichnung der umseitigen Abbildung:

Feuer-Yantra

Bezeichnung der umseitigen Abbildung:

Luft-Yantra

Bezeichnung der umseitigen Abbildung:

Äther-Yantra

Bezeichnung der umseitigen Abbildung:

Yantra des Wurzel-Chakras

Bezeichnung der umseitigen Abbildung:

Yantra des Milz-Chakras

Bezeichnung der umseitigen Abbildung:

Yantra des Solarplexus

Bezeichnung der umseitigen Abbildung:

Yantra des Herz-Chakras

Bezeichnung der umseitigen Abbildung:

Yantra des Kehl-Chakras

Bezeichnung der umseitigen Abbildung:

Yantra des Chakras des Dritten Auges

Bezeichnung der umseitigen Abbildung:

Yantra des Kronen-Chakras

Bezeichnung der umseitigen Abbildung:

Kundalini-Yantra

Bezeichnung der umseitigen Abbildung:

Ganesha-Yantra

Bezeichnung der umseitigen Abbildung:

Shiva-Shakti-Yantra

Bezeichnung der umseitigen Abbildung:

Sri-Yantra

Bezeichnung der umseitigen Abbildung:

Gayatri-Yantra

Bezeichnung der umseitigen Abbildung:

Tripura-Yantra

Bezeichnung der umseitigen Abbildung:

Kreis-Yantra

Bezeichnung der umseitigen Abbildung:

Halbmond-Yantra

Bezeichnung der umseitigen Abbildung:

Dreiecks-Yantra

Bezeichnung der umseitigen Abbildung:

Quadratisches Yantra

Bezeichnung der umseitigen Abbildung:

Brunnen-Yantra

Bezeichnung der umseitigen Abbildung:

Feuergruben-Yantra

Bezeichnung der umseitigen Abbildung:

Herz-Yantra

Bezeichnung der umseitigen Abbildung:

Sonnenrad-Yantra

Bezeichnung der umseitigen Abbildung:

Maya-Yantra

Bezeichnung der umseitigen Abbildung:

Yantra der Lotos-Füße

ॐ

Bezeichnung der umseitigen Abbildung:

Lingam-Yantra

Bezeichnung der umseitigen Abbildung:

Hari OM-Yantra